Paolo Barbieri

StarDragons

Oracle

collection
LO SCARABEO

Intuitives
ÉDITIONS

Titre orignal : *Stardragons Oracle*
Publié pour la première fois par Lo Scarabeo.

Traduit de l'anglais par Marie Renier

ISBN : 978-2-38297-001-0

www.editions-tredaniel.com
info@guytredaniel.fr
www.facebook.com/editions.tredaniel

Sommaire

Introduction

Si, dans l'Univers, toute chose, visible ou invisible, imaginée et donc inexplorée, n'est que l'extension d'un seul champ de conscience, pouvez-vous la dire vôtre ? Invoquez le pouvoir des étoiles étincelantes et des dragons gargantuesques et parcourez la galaxie, espace fantastique où tout devient possible. Vous êtes aussi puissant que ces mystiques créatures des fables et des folklores, vestiges d'une histoire perdue dans les sables du temps. Osez partir à leur rencontre : vous serez comblé au-delà de vos espérances ! Emparez-vous de la clé de votre moi profond : il irradie autant que les âmes des éblouissantes constellations du cosmos. Vous avez entre les mains l'oracle *StarDragons* !

Ces 33 cartes vous invitent à interroger les énergies qu'incarnent les constellations et les dragons de légende. Acceptez ce pouvoir, acceptez qu'il vous aide à éliminer les obstacles, à franchir une ligne d'arrivée, à obtenir les réponses à vos questions les plus profondes et, à trouver votre force, mais également à accomplir votre destinée, à raconter votre histoire et à bannir à jamais l'illusion de la faiblesse. Invoquez des énergies et des principes de conscience supérieurs. Utilisez les archétypes universels pour exalter votre vie, vos pensées et vos actes. Montrez vos crocs, aiguisez vos griffes, déployez vos ailes, crachez votre souffle de braise, envolez-vous vers le plus brillant des astres ! Ici, en ce monde puissant et merveilleux, vous exploiterez ce qui a été perdu, relégué aux fables et aux légendes. Car oui, vous êtes un dragon puissant et une étoile !

COMMENT UTILISER L'ORACLE *STARDRAGONS*

Structure

Cet oracle contient un total de 33 cartes :

• **Les cartes principales**. Il s'agit de 28 cartes en couleurs représentant chacune un personnage (le « héraut ») et un dragon. Chaque dragon est relié à une constellation, et chaque héraut à une étoile de cette constellation (généralement la plus célèbre ou la plus lumineuse, voir « Notes sur les étoiles et les constellations » page 57).

• **Les cartes spéciales**. À ces 28 lames principales s'ajoutent 5 cartes monochromes présentant un recto et un verso différents. Elles aussi sont illustrées d'un dragon et d'un héraut – relié là encore à une constellation pour le premier, et à une étoile pour le second.

Les cartes principales

Pour tirer une carte principale, plusieurs méthodes s'offrent à vous. Invoquez l'esprit du dragon et de la constellation décrite, ainsi que le héraut et son étoile associée, pour une expérience méditative. Invitez ces énergies dans votre vie afin de stimuler votre bien-être et de trouver des solutions concrètes pour votre émancipation et votre développement personnel.

Notez que chacune des 28 cartes est associée à deux mots ou formules clés. Le premier fait référence à l'énergie du dragon, c'est-à-dire à l'archétype universel invoqué. Le second se rapporte au héraut, l'élément humain de la lecture – une situation, une circonstance, une personne, un lieu ou un objet spécifique. Ces deux mots-clés se complètent et véhiculent l'essence générale de chaque carte. Pour en savoir davantage, reportez-vous à la partie « Signification des cartes », page13.

Les cartes spéciales

En complément des cartes principales, vous pouvez orienter votre interprétation en tirant une carte spéciale. Elles sont cinq, soit cinq cartes qui dépeignent cinq concepts ou domaines d'exploration et de méditation :

I. Connaissance : capacités, compétences, informations

II. Ressources : moyens matériels, ressources

III. Inspiration : idées, créativité

IV. Temps : patience, rythme

V. Espace : voyages, mouvements

Elles viennent compléter le tirage en précisant ce sur quoi le requérant doit se concentrer. Pour le dire autrement, qu'est-ce que les énergies invoquées par les cartes principales doivent permettre d'accomplir ou de poursuivre ? Les cartes spéciales suggèrent les types de solutions ou de progrès à réaliser.

Notez que l'utilisation de ces cartes est tout à fait optionnelle. En d'autres termes, il n'est pas systématiquement nécessaire d'en piocher une. Elles permettent simplement de compléter votre interprétation en apportant une information additionnelle ou en aiguillant votre réponse à une question fermée.

Signification des cartes

Une fois que vous avez tiré une ou plusieurs cartes principales et éventuellement une spéciale, consultez leur description dans la section « signification des cartes ». Chacune est détaillée comme suit :

Constellation : constellation associée au dragon représenté.

Étoile : étoile associée au héraut représenté.

Sagesse du héraut : texte méditatif axé sur le héraut, l'énergie humaine de la carte.

Sagesse du dragon : texte méditatif axé sur le dragon, l'énergie archétypale universelle de la carte.

Invocation : résumé de la signification de la carte et court exercice de méditation.

En fin de compte, les significations proposées ici ne sont qu'un simple éclairage. Utilisez-les pour donner un cadre à votre travail intérieur à mesure que vous développez et améliorez votre pratique méditative. Les cartes elles-mêmes, et leurs significations, ne sont en aucun cas définitives ou tranchées. Allez puiser dans les royaumes infinis de la conscience et de l'imagination : vous saurez en déduire la lecture la plus appropriée et la juste ligne de conduite. Faites confiance à votre intuition !

Tirage des cartes

Installez-vous dans un lieu calme qui invite à la méditation. Peut-être aurez-vous envie de tirer les cartes le soir, quand les étoiles et les constellations scintillent par-dessus votre tête.

Commencez par les cartes principales. Mélangez-les en vous concentrant sur votre intention. Vous pouvez soit choisir délibérément la carte qui vous parle le plus, soit en tirer une au hasard. Cette seconde option est plus courante, mais les deux sont acceptables, selon ce qui vous parle, à vous. Si vous sélectionnez plusieurs cartes (voir « Exemples de tirage », page 17), répétez le processus jusqu'à obtenir le nombre de cartes souhaité. Notez qu'un oracle se prête très bien à l'interprétation d'une seule carte.

Si vous souhaitez inclure une carte spéciale à votre tirage, battez les cinq cartes correspondantes et, comme précédemment, choisissez intentionnellement ou laissez parler le hasard. Notez que l'option retenue pour le tirage des cartes principales ne dicte pas le tirage de la spéciale. En d'autres mots, vous pouvez très bien choisir intentionnellement une carte principale puis tirer une spéciale au hasard, et inversement.

Les options sont donc les suivantes :

- Choix intentionnel des cartes principales et d'une spéciale.
- Tirage au hasard des cartes principales et d'une spéciale.
- Choix intentionnel des cartes principales et tirage au hasard d'une spéciale.
- Choix intentionnel d'une carte spéciale et tirage au hasard des principales.
- Utilisation des cartes principales uniquement.
- Utilisation des cartes spéciales uniquement.

Rappel : pour chaque carte principale, le dragon et sa constellation se rapportent aux archétypes et aux principes universels. La figure du héraut et son étoile se réfèrent à l'énergie personnelle (par exemple, à ce que vous pouvez entreprendre pour incarner l'énergie supérieure du dragon, ou à la façon d'élargir votre état d'esprit à de nouvelles opportunités). Gardez en tête que « le plus haut vient du plus bas, et le plus bas du plus haut » : vous pouvez puiser l'énergie du dragon pour appliquer son enseignement céleste à un niveau concret et, inversement, utiliser vos expériences du quotidien pour accéder à un niveau supérieur – plus grand, plus haut, plus sage. Les cartes spéciales servent à désigner où diriger ces énergies – les types de solution et de progrès recherchés.

Une fois votre ou vos cartes sélectionnées, laissez la sagesse vous guider et façonner votre journée, ou votre nuit.

Exemples de tirage

Tirage à une ou deux cartes : tirez une carte principale, ou bien une spéciale, ou encore une carte principale et une spéciale. Choisissez une « carte du jour » ou une « carte du soir » pour obtenir un éclairage sur un sujet particulier. Pour accompagner votre pratique, allumez une bougie ou observez les étoiles. Méditez en y conviant toute la sagesse dont vous êtes capable.

Tirage question/réponse : pour répondre à une question précise, tirez une seule carte principale. Continuez à tirer d'autres cartes à mesure que les questions vous viennent. Pour ne pas vous éparpiller, cadrez votre lecture en tirant une carte spéciale. Méditez sur la façon dont les cartes se lient les unes aux autres pour mieux discerner les énergies supérieures en jeu.

Tirage à trois cartes : utilisez cette méthode pour parvenir à une meilleure compréhension d'une difficulté, d'une situation ou d'une énergie particulière. Vous pouvez par exemple choisir :

Première carte : énergie pour le présent

Deuxième carte : énergie pour le long terme

Troisième carte : énergie de développement et d'épanouissement

Autre possibilité, invoquez votre dragon intérieur et cherchez les énergies nécessaires à votre avancée et à votre protection :

Première carte : énergie de protection

Deuxième carte : énergie d'accomplissement

Troisième carte : énergie pour une évolution saine et salutaire (sans toxicité)

Suivez votre instinct, appréciez les cartes et rappelez-vous qu'aucune lecture n'est fausse. Cet oracle est un outil visant à améliorer votre pratique intuitive et méditative. Rappelez-vous que nous sommes faits des mêmes atomes que les étoiles (et les dragons !). Et surtout, faites-vous plaisir !

SIGNIFICATION DES CARTES

1. Vision – Contempler le futur

Constellation : *Lupus* (le Loup)

Étoile : *Alpha Lupi*

Sagesse du héraut : Quelle est votre place dans les étoiles ? Où est votre avenir ? Même s'il est difficile à discerner, on gagne toujours à plonger son regard dans l'inconnu. Contemplez votre futur, repérez le meilleur chemin à emprunter et tirez profit de cette connaissance. Ouvrez les yeux avec innocence et émerveillement.

Sagesse du dragon : Regardez devant vous, transpercez du regard le voile de la galaxie. Les réponses à toutes vos questions sont au cœur de votre esprit. Regardez en vous ! Votre vision est puissante, vous savez ce qu'il advient. Utilisez votre instinct.

Invocation : Cherchez et vous trouverez. Partez en quête de vision et déployez votre capacité à observer l'avenir avec confiance. Une longue route vous attend : il est temps de la contempler et de mettre à profit votre sagesse.

2. Domination – Croire en soi

Constellation : *Andromeda* (Andromède)

Étoile : Alpheratz (ou *Alpha Andromedae*)

Sagesse du héraut : Cessez de douter de vous. Sourire en coin sur votre trône puissant, vous connaissez votre valeur. Vous avez pourvu à tout. Vous êtes le capitaine de votre propre navire.

Sagesse du dragon : À tout moment, le feu peut jaillir de votre puissante mâchoire dans un terrible rugissement au monde. Emparez-vous de royaumes entiers d'un simple revers de patte. Dominez toutes les situations ! Vous êtes un dragon superbe et puissant. Rugissez !

Invocation : Ne vous affalez jamais. Ne doutez jamais. Gonflez le buste et redressez-vous, toujours plus haut. Vous en êtes capable. Vous devez croire en vous et projeter votre puissance vers l'extérieur. Trouvez votre force intérieure et ne cédez jamais !

3. Transformation – Se définir

Constellation : *Monoceros* (la Licorne)

Étoile : *Alpha Monocerotis*

Sagesse du héraut : Qui êtes-vous ? Qui choisissez-vous d'être ? Prenez le temps de décider qui vous êtes et ce que vous voudriez être : ni l'un ni l'autre ne sont gravés dans le marbre, ils évoluent à mesure que vous définissez et affinez votre présence.

Sagesse du dragon : Vous êtes métamorphe. Tantôt on vous voit, tantôt on ne vous voit plus ! Acceptez de grandir et de changer. C'est l'essence de votre être. Défiez les étiquettes et les catégorisations. Offrez à voir toutes vos couleurs, toutes vos nuances. Trouvez votre rythme et boostez votre taux vibratoire.

Invocation : Bousculez les choses, tentez la nouveauté. Transformez-vous avec force et bravoure. Le temps est venu de vous redéfinir et de grandir. Osez !

4. Sagesse – Poser des questions

Constellation : *Draco* (le Dragon)

Étoile : Eltanin (ou *Gamma Draconis*)

Sagesse du héraut : Vivez, humez, respirez le grand mystère. Cédez-y. Laissez-vous submerger : là où réside la sagesse, réside aussi l'incertitude. Vous en avez le droit : abandonnez-vous au grand mystère. Posez toutes les questions qui vous viennent à l'esprit.

Sagesse du dragon : Vous demandez, je réponds. Je suis là dans toutes les situations, mais vous devez me chercher. La sagesse vient avec l'âge et le temps, mais jamais ne se révèle à l'arrogant. Soyez ouvert et laissez l'expérience vous envelopper. Il se joue là bien davantage que « vous ». Acceptez de perdre un peu pour gagner.

Invocation : Prenez quelques respirations profondes et acceptez d'être englouti, encerclé par le grand mystère. Voyez les étoiles, la galaxie, le grand inconnu. Quand vous serez prêt, autorisez-vous à poser – et à répondre – à toutes les questions.

5. Miracle – Faire la différence

Constellation : *Ophiuchus* (le Serpentaire)

Étoile : Rasalhague (ou *Alpha Ophiuchi*)

Sagesse du héraut : Volez, libre, sur la vague de la beauté, soyez la lumière qui éclaire l'obscurité. Impactez le monde. Tracez votre propre voie. Faites la différence. Soyez aussi audacieux et brave que possible !

Sagesse du dragon : Il ne requiert aucun effort, c'est toute sa beauté. Des cieux, sans prévenir, arrivent chaque jour des miracles. Incarnez-les. Allumez une lanterne et montrez le chemin. Demandez, et vous obtiendrez. Cherchez, et vous trouverez.

Invocation : Demandez un miracle. Posez une intention sur une situation et laissez l'Univers y pourvoir. Demandez vraiment, posez une intention sincère. Une fois touché par la grâce du miracle, chantez votre gratitude aux étoiles.

6. Félicité – Chérir le jour

Constellation : *Cetus* (la Baleine)

Étoile : Diphda (ou *Beta Ceti*)

Sagesse du héraut : Dansez la joie de savoir que chaque jour est un cadeau, de l'aube glorieuse au coucher du soleil et jusqu'au voile sacré de la nuit scintillante. Chérissez chaque instant, chaque bouffée d'air. C'est plus que de la gratitude ou de la joie. C'est l'amour de vivre, la soif de vivre. Buvez profondément.

Sagesse du dragon : Éclatez d'un rire immense en vous ébrouant, éclaboussez autant que vous le voulez ! L'heure est à la fête ! Trouvez votre félicité, votre sérénité, votre joie, votre bonheur. Quand ce sera le cas, riez à gorge déployée. La victoire est vôtre !

Invocation : Aujourd'hui est un jour à chérir dans la joie, même si l'heure ne semble pas être à la fête – on trouve toujours le temps de savourer, de danser et de festoyer à la grande table de la vie. Faites monter vos rires et votre jubilation jusqu'aux étoiles et au-delà !

7. Effort – Conquérir ses démons

Constellation : *Perseus* (Persée)

Étoile : Mirfak (ou *Alpha Persei*)

Sagesse du héraut : Ils pensaient vous avoir acculé, ils avaient tort. Ils disaient que vous le méritiez, ils avaient tort. L'épée à la main, vous avez fait tomber chacun de vos adversaires. Jetez-vous dans la bataille et décimez quiconque vous empêche d'atteindre votre but. Damnés soient les démons ! Agissez. Réparez les injustices et embrassez votre puissance.

Sagesse du dragon : Quand les choses s'enveniment… lancez une boule de feu et contemplez le brasier. Il est temps de travailler dur et de profiter de la vie. Toute l'énergie que vous placez dans vos efforts vous sera rendue. Lancez-vous, vous serez victorieux !

Invocation : Mettez-vous en branle ! Pour parvenir à vos fins ou à votre libération, il est temps de commencer votre ascension – vous vaincrez vos adversaires, vous surmonterez les obstacles. Restez concentré et poursuivez vos efforts.

8. Héritage – Persévérance

Constellation : *Lyra* (la Lyre)

Étoile : Véga (ou *Alpha Lyrae*)

Sagesse du héraut : Vous êtes venus, vous avez vu, vous avez vaincu. Vous persévérez – autrement dit vous continuez, en vous relevant autant de fois que nécessaire. Peu importe ce qui s'effondre autour de vous : persistez. Quand la poussière retombera, vous serez encore là. Debout.

Sagesse du dragon : Quel est votre but dans la vie ? Ce que vous laisserez en héritage ? Pour quoi êtes-vous là ? La persévérance est cruciale pour accomplir votre destinée. Que laisserez-vous aux autres ? Que lèguerez-vous ? Définissez votre destin, votre empreinte.

Invocation : Avez-vous déjà eu l'envie d'abandonner – sans y céder ? Où cela vous a-t-il mené ? Qu'avez-vous ressenti en persévérant ? Quelle marque avez-vous laissé dans le monde le jour où vous avez enfin triomphé des obstacles ? Remémorez-vous cette victoire et demandez-vous comment manifester davantage de persévérance.

9. Choix – Saisir les conséquences

Constellation : *Hydra* (l'Hydre)

Étoile : Alphard (ou *Alpha Hydrae*)

Sagesse du héraut : Toute action appelle une réaction. L'heure est venue de choisir intelligemment. Ouvrez votre cœur et votre esprit. Saisissez les conséquences de chaque action, de chaque choix, de chaque instant. Prenez le temps de saisir les raisons qui les sous-tendent. Observez tous les angles et prenez garde : les conséquences sont terribles, mais la récompense est immense.

Sagesse du dragon : Vous avez le pouvoir et le droit de choisir ce qui sera. Exprimez-vous. Choisissez chaque jour, chaque situation, chaque instant. Cette vie vous offre choix et libre arbitre. Soyez sage. Soyez malin. Soyez rusé et réfléchi. Le choix vous appartient.

Invocation : Prenez davantage conscience, dans votre quotidien, des choix que vous faites et de la façon dont ils impactent votre trajectoire et votre vie. Repérez les conséquences qu'ils entraînent et qui prennent corps dans votre réalité. Devenez le co-créateur actif de votre vie et de vos circonstances.

10. Transcendance – Atteindre le succès

Constellation : *Phoenix* (le Phénix)

Étoile : Ankaa (ou *Alpha Phoenicis*)

Sagesse du héraut : Il est temps de rayonner et d'avancer vers l'acceptation de votre moi profond. Le succès vous appartient ! Ouvrez grand les bras pour accueillir la puissance et la joie de la victoire, laissez votre lumière éclater dans sa gloire ! Vous avez gagné.

Sagesse du dragon : Il n'est pas tant question du succès que de la suite. L'heure est venue d'enclencher le niveau supérieur. Transcendez. Changez. Redéfinissez-vous, maintenant que cette victoire est atteinte. Réinventez-vous, renouvelez-vous. Faites une sortie fracassante !

Invocation : Acceptez chaque nouvelle victoire, puis transcendez-vous vers des niveaux inédits de satisfaction et d'appréciation. Il est temps d'évoluer. Déterminez votre cap, manœuvrez votre navire – sans oublier de célébrer chaque succès.

11. Invention – Brûler de passion

Constellation : *Centaurus* (le Centaure)

Étoile : Rigil Kentaurus (ou *Alpha Centauri*)

Sagesse du héraut : Sentez le feu de la passion et l'énergie vitale émaner de vos entrailles. Il est temps de passer à l'action, de chevaucher cette vitalité bouillonnante. Laissez vos passions remonter à la surface et, nourri du feu qui vous anime, embarquez-vous dans une nouvelle aventure. Que votre être brille autant que les étoiles !

Sagesse du dragon : Jaillissant de vos entrailles, votre créativité s'empresse de remplir l'obscurité des cieux d'une lumière et d'une énergie insoupçonnées. Créez ! Accomplissez ! Façonnez votre vision, donnez vie à un nouveau projet. La timidité et l'hésitation n'ont pas lieu d'être. Perfectionnez votre art et tirez parti de votre intelligence créative. C'est le moment !

Invocation : Entreprenez un nouveau projet créatif qui vous passionne. Vous devez vous sentir grisé au plus profond de votre être. Créez une chose stupéfiante, éblouissez le monde de votre virtuosité. La revanche est lumière, donnez vie à votre vision !

12. Le soi – Rassembler son pouvoir

Constellation : *Serpens* (le Serpent)

Étoile : Unukalhai (ou *Alpha Serpentis*)

Sagesse du héraut : Chevauchez la vie et invoquez votre Chi. Renforcez votre énergie, gagnez en force et en puissance sans jamais céder. Devenez vous-même. Courage ! Il est temps de concentrer votre force et d'être à la hauteur de la situation.

Sagesse du dragon : Il s'agit de vous seul. Concentrez-vous sur vous-même et laissez l'estime, la connaissance et l'affirmation de soi vous imprégner puis jaillir vers l'extérieur. Incarnez l'esprit de celui que vous êtes véritablement. Il est temps d'agir à votre façon. Clamez-le : « C'est ainsi et pas autrement ! »

Invocation : Accordez-vous une journée, un moment, une heure. Utilisez votre pouvoir, réinitialisez-vous, revendiquez vos droits et votre connaissance de vous-même. Vous en émergerez rechargé, plus affirmé et plus déterminé que jamais. La puissance doit venir de l'intérieur.

13. Défi – Défendre ses droits

Constellation : *Hercules* (Hercule)

Étoile : Kornephoros (ou *Beta Herculis*)

Sagesse du héraut : L'heure est venue de résoudre ce problème, de conquérir vos peurs, d'être fort et puissant et de revendiquer vos droits ! Vous êtes un guerrier fier, capable de franchir d'insurmontables obstacles. Serrez le poing et dégainez votre épée. Il est temps d'agir et de tuer le dragon !

Sagesse du dragon : Ce sont les défis et les obstacles qui vous rendent plus fort. Plus ils sont grands, plus ils sont durs à abattre. Respectez la difficulté de la situation. Quel que soit son degré, l'épreuve vous fera gagner en sagesse. Êtes-vous suffisamment fort pour l'affronter ?

Invocation : Affrontez les défis avec audace et bravoure. N'évitez pas le sujet, ne tergiversez pas. Il est temps de faire face, le front haut ! Défendez vos droits et affrontez la difficulté.

14. Compréhension – Envisager toutes les facettes

Constellation : *Piscis Austrinus* (le Poisson austral)

Étoile : Fomalhaut (ou *Alpha Piscis Austrini*)

Sagesse du héraut : Toute situation comporte plusieurs facettes. Prenez du recul. Analysez-la sous toutes les coutures. Prenez le temps d'estimer sa gravité. Qu'est-ce qui est pire : le volcan ou le dragon ? Allez-vous les affronter tous deux ? Ou choisir votre combat ? Et si c'était l'opportunité d'une alliance puissante... Envisagez toutes les possibilités.

Sagesse du dragon : Savoir est source de pouvoir : pour réussir, vous devez comprendre la situation. Une fois élevé à ce niveau de compréhension, de connaissance et de sensibilité, vous détiendrez la puissance et vous serez reconnu à votre juste valeur. Le savoir ouvre des millions de portes. Savoir, c'est vaincre. Démêler une situation requiert de l'évaluer avec justesse et de la comprendre.

Invocation : Prenez le temps de réfléchir et d'évaluer une situation complexe. Prenez du recul et envisagez-la sous toutes ses coutures. Puis, armé de la connaissance, de la sagesse et de la compréhension ainsi acquise, agissez. Ne vous départissez jamais de votre esprit affûté.

15. Tranquillité – L'inaction harmonieuse

Constellation : *Corvus* (le Corbeau)

Étoile : Gienah (ou *Gamma Corvi*)

Sagesse du héraut : Parfois, la meilleure action… est l'inaction. Laissez les choses se décanter. Faites une pause. Détendez-vous. Entourez-vous du confort de vos alliés. Trouvez l'harmonie dans l'immobilité et la réflexion. La situation se résoudra d'elle-même. Respirez.

Sagesse du dragon : La paix et la tranquillité vous appartiennent… si vous le voulez bien. Atteignez bien-être et harmonie en pratiquant l'immobilité. Prenez votre temps. Vos biens les plus précieux, actuellement, ce sont des fondations intérieures solides et un tempérament calme. Cherchez le confort, la guérison, la paix, la sagesse.

Invocation : L'heure n'est pas à l'action, mais à l'inaction. Trouvez l'harmonie en restant immobile dans un monde qui ne cesse de courir. Éloignez-vous de la mêlée, engagez-vous dans une harmonieuse inactivité. Cherchez la paix et la tranquillité. Le monde saura attendre que vous récupériez vos facultés.

16. Destruction – Libérer sa colère

Constellation : *Orion* (Orion)

Étoile : Rigel (ou *Beta Orionis*)

Sagesse du héraut : Punissez vos ennemis de votre colère furieuse et vengeresse. Exprimez-la ! Il est temps de libérer ce qui était contenu en vous. Débridez la bête, quitte à réduire la cité à néant. Vous la retenez depuis trop longtemps. Trouvez un exutoire – constructif ou, de préférence, destructif !

Sagesse du dragon : Brûlez tout ! Invoquez votre déesse intérieure Kali et détruisez, anéantissez dans un abandon dissolu et un mépris injustifié. L'heure est venue d'annihiler le vieux monde pour laisser émerger un monde neuf. La destruction fait partie de la création. Incendiez, enflammez, embrasez !

Invocation : Débridez votre colère pour détruire ce qui ne vous sert plus. Démolissez l'ancien pour vous renouveler et vous régénérer. Brisez, écrasez, fracassez… pour mieux reconstruire. Laissez jaillir votre colère !

17. Chagrin – Accepter la perte

Constellation : *Bootes* (le Bouvier)

Étoile : Arcturus (ou *Alpha Bootis*)

Sagesse du héraut : On dit qu'il vaut mieux avoir perdu l'amour que de ne pas avoir aimé du tout. Mais la douleur est réelle, éprouvante. Confronté à une perte, ne niez pas la gravité de la situation. Prenez le temps de digérer, d'accepter la donne. Viendront les larmes, la dépression, le chagrin – et, au bout du cycle, l'acceptation. Travaillez à accepter la perte.

Sagesse du dragon : Admettez votre peine, portez-la comme une armure. Laissez-la, telle une cuirasse, protéger votre cœur. L'épreuve n'est pas synonyme de honte mais de puissance. Admettez la puissance du chagrin et de son soulagement. Lâchez prise. Laissez-le couler en vous. Portez-le avec fierté. La force viendra avec le temps.

Invocation : Nous sommes souvent tentés de « prendre sur nous ». Ce n'est pas le moment d'opter pour cette approche machinale, inhumaine. Vivez votre tristesse. Prenez le temps du deuil. Admettez votre chagrin. L'heure est aux larmes.

18. Guérison – Reprendre espoir

Constellation : *Pegasus* (Pégase)

Étoile : Enif (ou *Epsilon Pegasi*)

Sagesse du héraut : L'espoir est éternel, il attend que vous preniez votre envol. Même au cœur de la nuit la plus sombre, l'étoile éclaire vos pas. L'espoir n'attend rien : il regarde devant lui et imagine le jour où la lumière, une fois de plus, reviendra. Accrochez-vous à cette vision et continuez. Renouez avec l'optimisme. L'éclaircie succède toujours à la pluie.

Sagesse du dragon : Le temps pansera vos plaies, même si aujourd'hui tout vous paraît sombre. Autorisez-vous à guérir : vous en sortirez revigoré dans une vie et une vitalité nouvelle. Soignez vos blessures. Apprenez du passé. Parcourez le chemin qui mène à la guérison et aux fondations retrouvées. Œuvrez à votre rétablissement, à votre repos, à votre rajeunissement !

Invocation : Pensez à une époque de votre vie où vous avez perdu espoir. Restaurez cet espoir chaque jour dans votre cœur, tout au long du processus de guérison. Bâtissez, chaque nuit, et regardez vers le ciel pour vous souvenir que même dans l'obscurité brille une lueur.

19. Indépendance – Tracer son chemin

Constellation : *Cepheus* (Céphée)

Étoile : Alderamin (ou *Alpha Cephei*)

Sagesse du héraut : Il est temps de faire les choses à votre façon, quelle qu'elle soit ! Affirmez votre droit à tracer votre propre sillon. Il vous faudra agir et prévoir. Soyez original, novateur, partez à la découverte de territoires inconnus. Débarrassez-vous des plans de route, des modèles, des opinions tierces. Seul compte votre choix.

Sagesse du dragon : Quelle liberté de savoir que notre conscience sacrée nous met en capacité de faire ce que l'on veut, quand on veut, avec pour seules contraintes celles que l'on s'impose ! Brisez vos chaînes, libérez-vous de vos entraves et savourez votre indépendance. La liberté vous appartient !

Invocation : Passez en revue vos pensées et vos croyances pour éradiquer vos préjugés sur ce qu'il « faut » faire. À chacun sa manière d'agir. Tout individu a le droit d'emprunter le chemin de son choix, fût-il moins fréquenté. Chaque jour, dans chaque situation, cherchez activement la liberté et l'indépendance. Vous n'avez pas besoin de l'avis ni de l'approbation d'autrui. Faites comme *vous* le sentez.

20. Retour – Suivre le courant

Constellation : *Ursa Major* (la Grande Ourse)

Étoile : Alioth (ou *Epsilon Ursae Majoris*)

Sagesse du héraut : Les saisons s'enchaînent, l'Univers suit son cours. Les constellations changent de place dans le ciel. Parmi tous ces grands changements, une seule constante : votre capacité à jongler avec les événements. Suivez le mouvement de la vie. Soyez comme l'eau qui, s'écoulant sans jamais s'arrêter, vient à bout des obstacles les plus puissants.

Sagesse du dragon : « Je suis de retour ! » Bondissez dans la vie, plus haut que jamais. Il est temps de vous renouveler. De remonter sur scène après l'entracte pour prendre les choses en mains et conquérir le monde. Vous n'avez jamais été aussi fort. Après l'automne vient l'hiver, puis le printemps. Vous vous relèverez, vous reviendrez à la vérité, votre vérité, votre moi profond.

Invocation : Méditez sur les saisons qui passent, cycle constant des énergies de la Terre. Regardez les constellations se mouvoir dans la nuit étoilée. Repérez dans la nature les signes du changement et du renouveau. Demandez-vous comment appliquer ces principes universels à votre vie, comment parvenir à suivre le courant. Quand vous émergerez du cycle, ferez-vous une entrée fracassante ?

21. Résilience – Trouver ses limites

Constellation : *Canis Major* (le Grand Chien)

Étoile : Sirius (ou *Alpha Canis Majoris*)

Sagesse du héraut : Trop, c'est trop ! Il vient un temps où le feu intérieur s'anime d'une intuition et hurle : « Maintenant ! » Il faut savoir partir. La nuit est froide : puisez en vous la chaleur et la connaissance de vous-même. Posez vos limites. Admettez-les. Trouvez ce qui fonctionne pour vous, aujourd'hui. Le monde extérieur n'a rien à y voir : l'Univers tout entier réside en vous.

Sagesse du dragon : Les limites sont faites pour être franchies. Vous connaissez les vôtres, mais, passé un certain point, vous ré-émergerez, plus fort et meilleur que jamais, prêt à embrasser un nouveau challenge. Vous rebondissez. Vous êtes résilient. Il est temps d'aller à la rencontre de vos limites, et au-delà.

Invocation : Poser et connaître ses limites – savoir dire stop – requiert beaucoup d'introspection et de méditation. Prenez le temps de réfléchir à ce qui marche pour vous. Écoutez votre petite voix intérieure. Une fois votre posture établie, une fois replié en sécurité, vous rebondirez mieux que jamais avec résilience, puissance et grâce. Retirez-vous en vous puis, quand l'heure sera venue, retournez sur le terrain, inarrêtable, irrésistible !

22. Renaissance – Se donner une seconde chance

Constellation : *Crux* (la Croix du Sud)

Étoile : Acrux (ou *Alpha Crucis*)

Sagesse du héraut : Vous avez échoué. Vous êtes tombé. À présent, relevez-vous et continuez, essayez, réessayez. Déployez-vous. Trouvez ce qui vous anime. Autorisez-vous à essayer, encore et encore. Vous méritez une seconde chance. Accordez-vous l'opportunité de recommencer.

Sagesse du dragon : Après la défaite et la mort viennent la renaissance et le renouveau. Chaque échec s'accompagne d'une occasion de renaître. Redessinez votre vie et l'Univers de la manière qui vous convient le mieux. Il est temps de renaître dans votre propre vie. Redéfinissez-vous. Créez de nouvelles façons d'être, de penser, de percevoir, d'agir.

Invocation : Quelles limites vous imposez-vous comme autant de vérités ? Rejetez et ignorez toute notion d'échec, de défaite, de restriction. Allez de l'avant. Renaissez à une nouvelle vie, irrépressible et infinie. Les secondes chances viennent à ceux qui les acceptent ! Accordez-vous l'opportunité de renaître.

23. Illumination – Aller de l'avant

Constellation : *Canis Minor* (le Petit Chien)

Étoile : Procyon (ou *Alpha Canis Minoris*)

Sagesse du héraut : Un simple pas. Un voyage de mille lieux commence par un simple pas. Puis un autre. Et encore un autre. Entamez cette lente et constante progression vers votre but ultime. Laissez la lumière éclairer l'obscurité du chemin. Puisez en vous la force d'aller de l'avant. Agissez. Commencez le voyage. Il ne peut y avoir de retour en arrière : avancez !

Sagesse du dragon : En tant qu'être humain, votre voyage s'inscrit dans un objectif supérieur : le retour à la lumière. Cherchez l'illumination : vous trouverez. Suivez la lumière, comprenez qu'il ne s'agit pas tant de la destination que du voyage. Trouvez votre lumière et suivez-la dans les ténèbres. C'est votre destin que de participer à cette épopée. Ayez la foi !

Invocation : Tout en avançant vers votre propre lumière, méditez sur les chemins que vous pouvez emprunter afin d'aller de l'avant, pour votre bénéfice et celui de tous. Cherchez une lumière toujours plus vive. À chaque pas, gagnez en sagesse et en compréhension. Trouvez votre lumière et suivez-la jusqu'à vous… et jusqu'à réaliser que chaque pas vous y mène déjà.

24. Liberté – Briser ses chaînes

Constellation : *Eridanus* (l'Éridan)

Étoile : Achernar (ou *Alpha Eridani*)

Sagesse du héraut : Soyez sans limite. Libérez-vous de tout ce qui vous retient et vous contraint. Brisez vos chaînes : ce sont des illusions. Il est temps de monter vers les plus hauts sommets et de vous proclamer souverain de votre propre vie !

Sagesse du dragon : La liberté est votre droit. Votre essence. La liberté, la vraie, c'est vivre sans entraves, c'est voler parmi les étoiles et les nuages. Sentez le vent sur votre visage, respirez profondément et envolez-vous vers des altitudes nouvelles, des joies immenses. Vous êtes libre. Clamez votre indépendance.

Invocation : Qu'est-ce qui vous retient ? Qu'est-ce qui vous enferme dans un état mensonger, faux, infidèle à votre moi profond ? Revendiquez la vérité de votre liberté. Brisez vos chaînes. Volez plus haut. À vous de vous délivrer !

25. Confiance – Amour et amitié

Constellation : *Cygnus* (le Cygne ou la Croix du Nord)

Étoile : Deneb (ou *Alpha Cygni*)

Sagesse du héraut : Il rend la vie digne d'être vécue. Il fait chanter les étoiles. Il donne du sens. Il est la plus grande des joies. L'amour est la réponse à tout. L'amitié est une clé de voûte. Cherchez et chérissez ces relations positives et épanouissantes. Soyez ouvert et généreux comme un enfant. Donnez et recevez l'amour.

Sagesse du dragon : Toute relation épanouie repose sur la confiance. Ouvrez votre cœur et remettez-vous en à vous-même et à ceux qui ne veulent que votre bien. L'heure est venue d'avoir le cœur confiant et l'esprit fort. Libérez-vous de vos inhibitions. Soyez calme et posé. L'Univers est avec vous. Les étoiles, chaque nuit, brillent pour vous.

Invocation : Baissez votre garde, ne serait-ce qu'un jour. Relâchez tous les mécanismes de défense qu'un monde méfiant et insensible a incrustés en vous. Écartez-vous de ces murs, laissez-les s'effondrer. Ayez confiance en la vie, en vous, en votre tribu. Savourez l'amour et l'amitié. Vous êtes à l'abri.

26. Protection – Trouver ce qui importe

Constellation : *Ara* (l'Autel)

Étoile : Cervantes (ou *Mu Arae*)

Sagesse du héraut : Il est temps de définir ce qui compte le plus dans votre vie. Prenez le temps de trouver ce qui importe réellement. Réévaluez. Repriorisez. Regroupez. C'est peut-être le moment de changer les lignes. Interrogez-vous : qu'est-ce qui compte le plus pour vous ?

Sagesse du dragon : Vous êtes sauf. Vous êtes en sécurité. À votre tour, soyez gardien et bouclier, défendez ce (et ceux) que vous aimez le plus contre le vent mordant qui se lève. Soyez protecteur et protégé tout en vous prémunissant des obstacles de toutes tailles. Cherchez le confort et la force auprès des vôtres. À vos boucliers !

Invocation : Évaluez ce qui vous importe le plus dans la vie et protégez cet idéal, cette notion, cet état, cette identité, cette tribu – de toutes vos forces. Bâtissez votre être sur des fondations solides et puisez-y votre réconfort. L'heure est venue de trouver ce qui compte le plus pour vous. Dressé dans votre forteresse, affirmez votre identité ! Vous êtes fort et puissant !

27. Aboutissement – Achèvement et renouveau

Constellation : *Ursa* Minor (la Petite Ourse)

Étoile : Polaris (ou *Alpha Ursae Minoris*)

Sagesse du héraut : ça y est ! Savourez le sentiment du travail accompli tout en vous régénérant en vue de votre prochain challenge. Vous venez d'achever une noble tâche. Vous avez vaincu. Vous avez vu tout ce qu'il y avait à voir. Il est temps maintenant de vous asseoir et de vous reposer. De vous rafraîchir, de guérir. Détendez-vous et faites le point. Bravo à vous.

Sagesse du dragon : Tout convergeait vers cet instant. Il est l'heure de parfaire votre puissance et de la reconnaître. Vous êtes le plein accomplissement de celui que vous deviez être. Regardez le monde, tête haute, affirmé. Vous avez fait vos preuves et vous êtes là, prêt, assuré, au sommet de vos compétences et de votre force. Ressentez cette puissance.

Invocation : Félicitez-vous pour ce travail bien fait et cherchez le renouveau. Vous avez tant accompli ! Saluez votre mérite et prenez le temps de sentir l'incroyable énergie des réussites qui vous ont mené à ce point culminant, qui vous ont mené là où vous êtes aujourd'hui. Célébrez et savourez cet aboutissement. Vous revenez de loin.

28. Reddition – Renoncer aux ténèbres

Constellation : *Lepus* (le Lièvre)

Étoile : Arneb (ou Alpha Leporis)

Sagesse du héraut : Le jour a succédé à la nuit. Sa lumière vous inonde dans la clarté de l'étoile du matin ! Laissez partir les ombres et accueillez l'aube d'une ère nouvelle. Vous ne pouvez rien faire d'autre que grandir. Sentez l'embrasement. La nuit est partie, elle reviendra. Abandonnez son voile et délectez-vous de la lumière de celui que vous êtes. L'obscurité se dissipe, votre optimisme est tout.

Sagesse du dragon : Votre constellation étincelle sous le manteau de la nuit, mais il est temps maintenant de vous abandonner à un éclat plus grand encore, celui du soleil qui baigne l'horizon des lueurs de l'aurore. Abandonnez votre lumière pour ne faire plus qu'un avec la force suprême et comprenez que tout ceci est en vous. Rendez-vous, vous gagnerez le monde !

Invocation : Abandonnez l'obscurité qui vous retient et limite votre sublime énergie. Oubliez l'impuissance, la frustration, le désespoir. Laissez la lumière illuminer votre vie de façon encore inédite. Lâchez prise pour mieux vous rétablir.

I. Connaissance

Constellation : *Aquarius* (le Verseau)

Étoile : Sadalsuud (ou *Beta Aquarii*)

Sagesse du héraut : Affutez vos aptitudes, apprenez comme jamais !

Sagesse du dragon : La connaissance est la clé d'un esprit libéré. Cherchez : vous me trouverez. Je suis partout, dans chaque situation, dans chaque tentative. Vivez à travers moi. Soyez attentif !

Invocation : La carte de la Connaissance vous enjoint de développer vos compétences et votre endurance à retenir les informations. Apprenez tout ce que vous pouvez, soyez tout ce que vous pouvez. La connaissance est un pouvoir !

II. Ressources

Constellation : *Carina* (la Carène)

Étoile : Canopus (ou *Alpha Carinae*)

Sagesse du héraut : Il est temps de récolter. Tirez parti de vos moyens matériels et de vos ressources, renforcez vos stocks et votre répertoire. Conservez, consolidez, chassez, rassemblez – et recommencez !

Sagesse du dragon : Les ressources et l'abondance sont partout autour de vous, à portée de main. Trouvez-moi, je suis là. Développez, récoltez, travaillez dur pour les hivers qui peut-être seront rudes. Cueillez ce que vous semez !

Invocation : La carte des Ressources vous implore de renforcer vos bastions en vous concentrant sur vos moyens matériels, vos richesses et vos ressources. Fortifiez votre arsenal ! L'heure est au pragmatisme.

III. Inspiration

Constellation : *Coma Berenices* (la Chevelure de Bérénice)

Étoile : Diadème (ou *Alpha Comae Berenices*)

Sagesse du héraut : Écoutez les murmures dans le vent et les énergies profondes qui dans chaque situation amènent idées et créativité. Elles sont partout autour de vous !

Sagesse du dragon : Je suis partout et nulle part. Écoutez mon appel : vous serez inspiré. Puisez en moi vos projets nouveaux. Je serai là pour vous en tous points, en tout temps et en tous lieux. Je suis une énergie d'abondance qui n'attend que d'être cueillie. Je frappe sans prévenir : soyez inspiré !

Invocation : La carte de l'Inspiration vous fait signe d'écouter l'appel d'une source supérieure d'abondante créativité. Buvez l'eau de ce puits et plus jamais vous n'aurez soif ! Il est temps de laisser entrer dans votre vie l'inspiration et la créativité.

IV. Temps

Constellation : *Delphinus* (le Dauphin)

Étoile : Rotanev (ou *Beta Delphini*)

Sagesse du héraut : Tout est affaire de timing. Soyez patient, attendez, restez attentif au rythme et battez le fer quand il est chaud. Prêtez attention au temps, à ses variations et à ses aléas. Quand la mer est haute, hissez la voile et partez à la rencontre de votre destinée. Étudiez la cadence avant de vous lancer.

Sagesse du dragon : Je suis omniprésent, en mouvement permanent, jamais je ne m'arrête. Apprenez à me comprendre : vous deviendrez patient, riche d'un implacable sens du timing. J'arrive parfois tard, mais je ne me trompe jamais d'heure. Il y a un temps et un lieu pour tout.

Invocation : La carte du Temps vous invite à réfléchir au timing, à la cadence, aux cycles, au juste moment. Il est temps ! Écoutez le tic-tac de l'horloge. Soyez patient et attendez le bon moment pour frapper.

V. Espace

Constellation : *Sagittarius* (le Sagittaire)

Étoile : Kaus Australis (ou *Epsilon Sagittarii*)

Sagesse du héraut : Avancez hardiment et librement, dansez et tournoyez, déployez vos ailes. Resplendissez et prospérez tandis que vous explorez les grands espaces qui s'offrent à vous sur cette planète et au-delà.

Sagesse du dragon : Autorisez votre corps à avancer dans le monde : je suis votre terrain de jeu. Je suis l'espace que vous traversez – que ce soit par un effort physique, une activité, une expédition, un voyage ou autre. Bougez votre corps et explorez !

Invocation : La carte de l'Espace vous invite à un cheminement par le voyage ou par l'effort physique. Pensez à toutes les façons de vous mouvoir dans l'espace. Réjouissez-vous de ce vaste terrain de jeu et de mouvement. Réfléchissez au voyage, aux expériences nouvelles. Le monde vous appartient !

NOTE SUR LES ÉTOILES ET LES CONSTELLATIONS

L'expertise astronomique ci-après a été rédigée par Marina Costa de l'Observatoire astronomique de Righi à Gênes, en Italie, pour le présent livre qui accompagne les cartes de cet oracle.

En 2016, l'UAI (Union Astronomique Internationale), l'organisme en charge de doter les corps célestes d'une appellation officielle, a entrepris de répertorier le nom de toutes les étoiles, avec l'aide des astronomes du monde entier. L'un des objectifs de ce projet est de standardiser les noms attribués aux étoiles les plus brillantes du ciel. Il y a en effet des cas d'étoiles portant plusieurs noms, et de noms identiques utilisés pour plusieurs étoiles. Le travail de l'UAI se poursuit à l'heure actuelle et s'étend aux étoiles qui ne sont pas nécessairement les plus brillantes, mais dont on a prouvé l'existence d'exoplanètes à proximité.

Chaque illustration de cet oracle précise le nom latin de la constellation et sa signification en français, en lien avec le dragon représenté sur la carte. Son étoile la plus brillante (sauf mention contraire ci-dessous) est également mentionnée avec son appellation courante, en lien avec le héraut, la figure humaine de la carte. Notez que cet oracle utilise, dès que cela est possible, le nom officiel reconnu par l'UAI. Ce nom est suivi de la désignation utilisée dans l'inventaire de l'astronome allemand Johann Bayer, qui assigne aux étoiles les plus brillantes une lettre de l'alphabet grec suivie du nom au génitif de la constellation à laquelle elles appartiennent.

Voici quelques remarques complémentaires qui, nous l'espérons, vous intéresseront.

1. Lupus (le Loup) : en chinois, cette constellation s'appelle *Qígu n* (« gardes impériaux ») qui a donné Kekouan, le surnom d'Alpha Lupi et parfois aussi de Beta Lupi. Pour être plus précis, le nom chinois de cette étoile est *Qígu nshí* (« la dixième étoile des gardes impériaux »).

3. Monoceros (la Licorne) : les étoiles de cette constellation n'ayant pas d'appellation officielle, mentionnons l'étoile de Plaskett, observable à l'œil nu, l'un des systèmes binaires les plus massifs connus. Les deux étoiles de ce système tournent en orbite autour d'une masse centrale en 14,4 jours. Leurs masses respectives sont 54 et 56 fois supérieures à celle du Soleil.

6. Cetus (la Baleine) : l'une des étoiles les plus célèbres de cette constellation est Mira (Omicron Ceti), qui en raison de son éclat variable a donné son nom à une catégorie d'étoiles. Sa luminosité varie considérablement sur une période de 332 jours.

22. Crux (la Croix du Sud) : Acrux est l'étoile la plus brillante de la Croix du Sud… à condition que sa luminosité soit combinée à celle de son compagnon puisqu'il s'agit d'une étoile multiple. L'étoile la plus brillante est Beta Crucis, ou « Mimosa ».

26. Ara (l'Autel) : Cervantes n'est pas l'étoile la plus brillante de sa constellation, mais son importance découle de sa proximité avec quatre exoplanètes. Autre étoile célèbre de l'Autel, Choo (Alpha Arae), dont le surnom dérive du terme chinois *Ch*, « bâton ».

III. Coma Berenices (la Chevelure de Bérénice) : Diadème est la seule étoile de cette constellation à porter un nom officiel, bien qu'il ne s'agisse pas de la plus lumineuse.

Notes Personnelles

Notes Personnelles

Notes Personnelles

11. INVENTION • BRÛLER DE PASSION

2. DOMINATION › CROIRE EN SOI

19. INDÉPENDANCE · TRACER SON CHEMIN

14. COMPRÉHENSION • ENVISAGER TOUTES LES FACETTES

5. MIRACLE • FAIRE LA DIFFÉRENCE

28. REDDITION • RENONCER AUX TÉNÈBRES

22. RENAISSANCE · SE DONNER UNE SECONDE CHANCE

8. HÉRITAGE · PERSÉVÉRANCE

17. CHAGRIN · ACCEPTER LA PERTE

V. ESPACE

20. RETOUR • SUIVRE LE COURANT

24. LIBERTÉ · BRISER SES CHAÎNES

I. CONNAISSANCE

1. VISION · CONTEMPLER LE FUTUR

III. INSPIRATION

4. SAGESSE • POSER DES QUESTIONS

7. EFFORT · CONQUÉRIR SES DÉMONS

26. PROTECTION • TROUVER CE QUI IMPORTE

18. GUÉRISON · REPRENDRE ESPOIR

15. TRANQUILLITÉ • L'INACTION HARMONIEUSE

II. RESSOURCES

27. ABOUTISSEMENT • ACHÈVEMENT ET RENOUVEAU

16. DESTRUCTION • LIBÉRER SA COLÈRE

25. CONFIANCE • AMOUR ET AMITIÉ

21. RÉSILIENCE • TROUVER SES LIMITES

13. DÉFI · DÉFENDRE SES DROITS

3. TRANSFORMATION • SE DÉFINIR

IV. TEMPS

10. TRANSCENDANCE • ATTEINDRE LE SUCCÈS

12. LE SOI · RASSEMBLER SON POUVOIR

23. ILLUMINATION • ALLER DE L'AVANT

6. FÉLICITÉ · CHÉRIR LE JOUR

9. CHOIX · SAISIR LES CONSÉQUENCES